LA CHALOUPE "MARTHE"

DANS LA

PASSE PELLETIER MOUGEOT

AU-DESSUS DES COURANTS RÉPUTÉS INFRANCHISSABLES

Voyage du Docteur MOUGEOT

Conseiller colonial,
Président de la Société des Études Indo-Chinoises
Planteur à Ka-Liogneu (Haut-Cambodge)

(Septembre-Octobre 1893)

SAIGON

Imprimerie Commerciale REY, CURIOL & Cie

1893

LA
CHALOUPE "MARTHE"

DANS LA

PASSE PELLETIER - MOUGEOT

AU-DESSUS DES COURANTS RÉPUTÉS INFRANCHISSABLES

Voyage du Docteur MOUGEOT

Conseiller colonial,
Président de la Société des Etudes Indo-Chinoises,
Planteur à Ka-Logneu (Haut-Cambodge).

(Septembre-Octobre 1893).

SAIGON

Imprimerie Commerciale REY, CURIOL & Cie

1893

LA CHALOUPE "MARTHE"

DANS LA PASSE PELLETIER-MOUGEOT

AU-DESSUS DES RAPIDES RÉPUTÉS INFRANCHISSABLES

LA CHALOUPE MARTHE

DANS LA PASSE PELLETIER-MOUGEOT

Au-dessus des Rapides réputés infranchissables

Il y a quatre ans j'annonçais, dans le Bulletin des Études, que je venais de découvrir une passe qui permettait aux chaloupes à vapeur de passer entre les grandes cataractes de Khône et de Papheng, et de remonter du bief inférieur du Mékong au bief supérieur. Je ne me sers ici des expressions *bief inférieur et bief supérieur* que pour me conformer à l'usage, car jusqu'ici rien ne prouve qu'elles soient exactes : elles laissent supposer une dénivellation qui est loin d'être démontrée.

Mais je ne veux pas revenir ici sur cette question que j'ai déjà discutée précédemment.

Pendant les années 1890, 1891, 1892, cette malheureuse découverte m'a valu des attaques sans nombre. Il m'a fallu soutenir une polémique des plus vives, afin de ne pas être accablé sous le poids des jalousies qui, pour agir, profitaient du moment où une maladie contractée dans ces voyages me tenait à l'agonie.

Pendant mes huit mois de souffrances, cette avalanche d'outrages ne cessa pas un instant, et ce ne fut qu'à grand peine que je pus répondre à mes courageux contradicteurs.

Mes réponses, un peu vives de forme, se ressentirent de mon indignation et de mon état de maladie grave ; elles eurent néanmoins pour effet de faire taire les chefs de chœurs. Si bien que le silence se fit en France et en Cochinchine, silence hostile évidemment, mais enfin tranquillité pour moi.

Je ne demandais qu'à ne plus avoir à m'occuper de cette inqualifiable Commission de Sedam, des absurdités du correspondant du *Temps*, etc.

J'avais montré la fausseté et la mauvaise foi dont j'étais victime, et mes arguments restaient sans réponse.

Cependant, on pensait que l'*Argus* était toujours dans la passe, au même endroit, lorsque, en août 1892, arriva à Saigon une dépêche ainsi conçue : (*Progrès de Saigon*, no 258, 13 août 1892).

Sambor, 11 août 1892.

« Lieutenant de vaisseau Guissez à Lieutenant-Gouverneur, Saigon :

*« Avons pas pu doubler un des rapides les moins violents du chenal quoique machine à toute vitesse en nous touant. C'est la condamnation irrémédiable de la tentative d'*Argus*; lettre suit. Si ne reçois instructions, essaierai de revenir en arrière quand aurai niveau suffisant, quoique manœuvre soit dangereuse et qu'on ne puisse répondre du succès. »*

Cette affirmation : « *c'est la condamnation irrémédiable de la tentative de l'*Argus *»*, est un pur chef-d'œuvre.

Voilà un jeune homme qui, parce qu'il avoue avoir échoué, déclare *ex professo* que personne ne sera plus heureux que lui.

Comme modestie, c'est réussi.

Je ne veux pas insister sur ce que j'ai déjà dit précédemment ; jamais il n'a été répondu à mes arguments, et l'imagination du correspondant du *Temps* est restée à court devant leur précision. Cependant, il y a lieu de remarquer que c'est dans les premiers jours d'août que ce pauvre jeune homme déclarait le passage impossible, sans se préoccuper de ce qu'aurait dû lui apprendre l'expérience, s'il avait voulu en acquérir : les eaux étaient trop hautes et trop violentes ? Nous verrons plus loin ce que vaut cette assertion. Mais il devait savoir qu'après la débâcle causée par les crues, les eaux se calment, les courants s'apaisent et le passage se facilite.

Jusqu'en octobre on peut attendre un moment favorable, souvent même la crue annuelle de novembre donne toute facilité.

Pourquoi donc cet empressement extraordinaire à renoncer subitement à toute nouvelle tentative ? On sait en effet qu'il avouait à la Commission de Sedam n'avoir pas trouvé assez d'eau avant le 15 septembre (*Progrès de Saigon*, 18 novembre 1891).

D'ailleurs, son télégramme disait qu'il attendait le niveau suffisant !

En parlant de *nouvelle tentative*, je me sens pris de scrupule : j'ai recueilli des renseignements circonstanciés et tous concordent ; jamais personne n'a pu assister aux tentatives de passage : les membres de la mission Pavie de Stung-Treng et de Bassac eux-mêmes ont vu repousser leurs avances à ce sujet. J'avais donc tort lorsque je me plaignais de n'avoir pas pu obtenir ce spectacle, puisque les amis les plus privilégiés n'ont pas eu plus de succès.

Que conclure de ces refus persistants ? Les tentatives n'auraient-elles pas été faites, malgré les fleurs dont a été couvert leur auteur présumé ?

Je vais commettre une grosse indiscrétion dont j'implore d'avance mon pardon : le second de la chaloupe commandée par M. Guissez m'a affirmé devant témoins que, s'il avait eu pendant deux jours le commandement de l'*Argus*, il serait remonté au-dessus de la passe.

J'ai retenu cet aveu précieux dont je le prie d'excuser la divulgation. Il est temps de mettre fin aux mensonges et de rétablir la vérité, aujourd'hui qu'en franchissant ces fameux courants avec une chaloupe à moi, j'ai montré le cas qu'il fallait faire des dénégations antérieures.

C'est en lisant le télégramme du 13 août que je pris le parti de faire moi-même la preuve de ce que j'avais avancé :

Dès 1890, j'avais essayé de me procurer les moyens de transport.

Je m'étais adressé à M. le Lieutenant-Gouverneur pour la location d'une chaloupe. Mais il me fit comprendre qu'après la réponse de M. le Gouverneur général Piquet, toute facilité me serait refusée.

A l'arsenal, je ne fus pas plus heureux, bien que le Commandant de la marine, M. Turquet de Beauregard, eût fait un rapport favorable à l'envoi d'une Commission hydrographique.

Aux Messageries fluviales, ce fut autre chose, mais avec la même conclusion.

Le Directeur devait partir et ne pouvait pas prendre sur lui d'immobiliser à mon profit un de ses bateaux qui tous étaient indispensables au service. J'allai jusqu'à lui proposer d'acheter la *Mouette*, la meilleure chaloupe de sa Compagnie. Nouveau refus.

Il lui était impossible de s'en passer. Enfin, à mon offre de l'assurer contre les risques de la navigation que je voulais entreprendre, il me répondit que, dans ces conditions, s'il m'arrivait malheur, il pourrait être rendu responsable des accidents dont je pourrais être victime.

Je ne fus pas plus heureux auprès de son successeur, mais pour des raisons qu'il me répugne de développer. Ses élucubrations ont fait connaître le personnage (1).

Je pris patience. Tant que l'*Argus* était dans la passe, il était permis d'espérer que sa tentative réussirait. A ce moment, on ignorait encore le dessous des cartes ; l'idée ne serait venue à personne que la réussite pût être sacrifiée à des intérêts personnels.

Je ne reviendrai pas sur cette monstruosité que j'ai prouvée et développée ailleurs.

Lorsqu'arriva le télégramme dont j'ai parlé, et que la descente de l'*Argus* eût bien montré que l'Administration abandonnait la question, je résolus de reprendre celle-ci pour la régler moi-même.

J'écrivis en France pour me faire construire une chaloupe réunissant les conditions spéciales qui me paraissaient nécessaires.

Mon mandataire, un vieux capitaine au long cours, s'adressa partout, à tous les constructeurs, sans s'expliquer l'accueil bizarre qu'il recevait. Ce ne fut que plus tard qu'il eut l'explication de ce phénomène curieux et unique dans l'histoire : des constructeurs refusant de construire une chaloupe pour laquelle on offrait une provision de 20.000 francs d'avance !

---

(1) Ces refus pouvaient sembler étonnants après certains services rendus par moi à cette Compagnie. C'est, en effet, sur mes instances réitérées que M. le Gouverneur général Richaud consentit à voir d'un œil favorable le rétablissement de la ligne de Kratié à Sambor qui fut même prolongée jusqu'à Stung-Treng.

Hélas ! des instructions avaient été envoyées de Saigon par ce même habile correspondant du *Temps*, et des ordres avaient été donnés de Paris.

Pendant cinq mois on nous berna, mon mandataire et moi.

Les uns fournissaient des plans de chaloupes n'ayant aucune analogie avec celle que je demandais ; d'autres, à propos du Mékong, me parlaient de la navigation sur les rivières du Tonkin, donnant des conseils remarquables sur ces questions dont ils n'avaient pas la moindre notion.

J'espère pour eux qu'ils étaient plus compétents en matière de construction qu'en matière de géographie.

Enfin tous étaient empêchés.

Au bout de cinq mois, au commencement de mai, lorsqu'il fut bien avéré que la construction pour le mois d'août devenait impossible, je reçus un télégramme réunissant toutes les réponses : « *Impossible, temps trop court.* »

Puisque les ateliers de France s'avouaient incapables de faire ce que je voulais, je m'adressai à l'étranger.

Après un mois de correspondance télégraphique et épistolaire avec le Whampoa Dock de Hongkong, j'obtins la promesse de construire, en trois mois, à peu près le modèle de chaloupe que je désirais.

Comme toujours, la livraison eut lieu plus tard que la date fixée au contrat, et la chaloupe ne parvint à Saigon que le 19 septembre, avec 19 jours de retard.

C'était une chaloupe d'un modèle nouveau, longue de 14^{m}10, large de 2^{m}10, avec 0^{m}60 de tirant d'eau.

J'avais hésité longtemps dans le choix de la nature de la coque : fer, acier, bois, aluminium, mais j'avais fini par me rendre aux observations qui m'avaient été faites en faveur du bois.

J'avais eu d'abord l'intention de remonter le Haut-Mékong assez loin, et, pour cela, il me fallait une provision suffisante de combustible, provision que je n'aurais pu renouveler que difficilement.

Telle qu'elle devait être, ma chaloupe pourrait emporter pour un mois de combustible ; c'est pour cette raison que j'avais renoncé à chauffer au bois, au charbon, et que je m'étais rabattu sur les combustibles liquides.

Je connaissais depuis longtemps les moteurs à pétrole, et je feuilletai les nombreux prospectus qui s'étaient accumulés dans ma bibliothèque.

Mais bientôt, en consultant les capitaines des bateaux qui venaient à Saigon, je fus à même de compléter mes informations. Beaucoup avaient étudié ce système de moteurs et avaient vu fonctionner des chaloupes actionnées par eux ; deux capitaines allemands, en particulier, avaient vu les essais sérieux et nombreux faits à Vladivostock. Ils m'affirmèrent que le pétrole avait été convaincu de nombreux méfaits comme combustible : sans cause appréciable, les chaloupes à pétrole s'arrêtaient soudain pour repartir aussi brusquement quelques moments après. De plus, de nombreux nettoyages étaient nécessaires au bon fonctionnement de ces moteurs qui s'encrassaient rapidement ; enfin le poids de ces moteurs était assez fort et leur mécanisme assez compliqué.

Les nouveaux moteurs à benzine avaient été expérimentés et avaient donné de meilleurs résultats ; ils étaient exempts de ces arrêts brusques et inexpliqués autant qu'irréguliers ; un nettoyage annuel suffisait à leur bon entretien, le poids des moteurs était moindre et le mécanisme simplifié (1).

Les capitaines m'affirmaient que, depuis plusieurs mois que les essais se continuaient à Vladivostok, les résultats étaient tou-

---

(1) Quelques objections ont été faites sur la valeur de ces moteurs, et j'ai le regret de constater qu'elles sont peu sérieuses :

On a parlé du danger d'explosion par inflammation des vapeurs de benzine. Il y aurait peut-être danger s'il était conservé à bord des touques en vidange donnant des vapeurs ; mais il est bien simple de les vider complètement dans le réservoir.

Celui-ci, hermétiquement fermé, ne communique qu'avec la petite pompe de charge par un tuyau et ne donne pas de vapeurs.

Pour remplir les moteurs, il arrive parfois que la limite de charge est dépassée, que la benzine en excédent s'enflamme. Il est facile de l'éteindre aussitôt ; d'ailleurs elle s'évapore rapidement et le feu ne dure pas longtemps.

On a mis en avant la transsudation. Il faut qu'elle soit bien légère pour avoir échappé à notre attention, même lorsque nous démontions les pièces.

D'ailleurs les Annamites, les Cambodgiens, et même les Européens, n'ont guère cessé de fumer pendant tout le voyage et nous n'avons jamais eu d'accident de cette nature.

Les autres reproches n'ont guère plus de valeur ; je ne m'attarderai pas à les réfuter ici.

jours sensiblement les mêmes. L'hésitation n'était plus permise et j'adoptai le principe des moteurs à benzine.

D'autre part, j'avais à craindre de briser l'hélice de ma chaloupe contre les rochers, soit dans les rapides, soit dans la passe, ce qui m'aurait mis dans une situation des plus critiques.

De plus les prospectus m'annonçaient que les fabriquants ne pouvaient pas fournir des moteurs de plus de dix chevaux dont un seul ne m'aurait donné qu'une vitesse insuffisante.

Pour tourner ces difficultés, je pensai à faire mettre à ma chaloupe deux hélices indépendantes actionnées chacune par un moteur de dix chevaux.

Malheureusement, les constructeurs se refusèrent à adopter cette disposition, prétextant qu'il faudrait augmenter notablement toutes les proportions, en raison de l'augmentation du poids, du volume et de la violence de la puissance motrice agissant sur la chaloupe. Le prix lui-même aurait été sensiblement supérieur.

En même temps, ils me prévenaient que rien ne pouvait faire présumer qu'avec ces développements des proportions de la chaloupe, les deux moteurs de dix chevaux me donneraient une vitesse plus grande que les deux de six chevaux avec les mesures primitivement proposées.

Plusieurs marins expérimentés que je consultai à ce sujet furent du même avis, et je me rangeai à leur opinion unanime.

Par contrat, la chaloupe devait être construite en trois mois et livrée à Hongkong le 1er septembre.

Les retards de la construction, la difficulté de trouver un vapeur venant de Hongkong à Saïgon et offrant, sur le pont, une place suffisante à l'embarcation et aux caisses de benzine, l'embarquement à Hongkong, le débarquement à Saïgon furent tels que le 20 seulement la chaloupe put être mise à l'eau.

Je n'entrerai pas dans le détail des essais de ces moteurs presque inconnus, sur lesquels nous n'avions aucun renseignement, aussi bien pour le chargement du réservoir que pour l'allumage, la mise en train, le mécanisme des lampes, etc., etc.

Le mécanicien chinois envoyé de Hongkong ne semblait pas en avoir la moindre idée, bien qu'il fût envoyé pour nous renseigner.

Cependant, grâce à l'habileté et aux efforts de M. Roque, dessinateur à l'Arsenal, les essais furent faits peut-être un peu *grosso modo*, mais rapidement, de telle sorte qu'en trois jours nous nous trouvâmes prêts à partir, avec la chaloupe garnie de quarante caisses de benzine, des provisions de bouche pour nous et nos Annamites pour plus d'un mois.

Pour trouver en huit jours un équipage passable, je m'étais fait aider de mon gardien annamite et de mes rameurs.

Le mécanicien, les chauffeurs et les matelots furent trouvés sans trop de difficultés.

Pour le taïcon, la question était plus délicate, et j'en avais déjà refusé cinq qui avaient eu trop d'attaches avec la Compagnie fluviale dont l'hostilité manifeste était facile à comprendre. Un sixième se présenta : c'était un ancien timonier de l'*Argus*, d'après son livret ; mais il m'affirma si énergiquement que, depuis un an, il n'avait plus de relations avec ladite Compagnie, que je finis par l'agréer pour ne pas faire comme la cigogne de La Fontaine.

Trop tard, hélas ! j'appris quel emploi il avait fait de ses deux derniers jours à Saigon.

Mais, dès le premier jour, sa mauvaise volonté fut manifeste : dans la traversée de Cholon, il sembla vouloir accoster toutes les jonques ; bientôt après, il nous échouait en plein canal de l'arroyo de la Poste.

Une difficulté vaincue semblait en faire naître une autre, et ce fut à grand peine que nous pûmes atteindre Tanan où M. l'Administrateur Chénieux voulut bien me décharger de quelques caisses, et enfin Mytho.

Chose bizarre, cet Annamite avait si bien calculé son moment que, de Saigon à Pnom-Penh, nous avons toujours eu marée contraire.

Après un nouvel échouage entre Mytho et Vinhlong, nous continuons notre route.

Arrivés au bras de Chaudoc, nous apercevons la chaloupe *Argus* dont l'équipage nous fait des signaux désespérés auxquels nous obéissons. La chaloupe s'est complètement enlizée en arrivant à toute vitesse sur un banc de vase. La ligne de flottaison disparaît dans la vase à peine recouverte elle-même de quelques centimètres d'eau. Les Annamites qui marchent à l'avant ne sont mouillés que jusqu'à la cheville.

Pendant près de deux heures nous travaillons énergiquement au renflouage, pendant que le mécanicien fait machine en arrière à toute vitesse et que l'avant est soulevé par notre treuil. Nos efforts sont vains et notre peine perdue.

De Banam une dépêche donnera au Gouvernement connaissance de cette situation.

Les mouvements d'avant en arrière et réciproquement ont été tellement multipliés et violents qu'un des cônes de friction s'est soudé au volant de mise en marche. Impossible de faire machine en arrière de ce côté. — Nous perdons deux jours à Pnom-Penh pour faire cette réparation indispensable.

Jusqu'ici nous nous sommes arrêtés presque partout, pour étudier les moteurs qu'il nous a fallu démonter plusieurs fois, afin de rectifier certaines négligences dans le montage fait à Hambourg ou à Hongkong.

A partir de Pnom-Penh, nous cessons ces escales fréquentes et n'arrêtons que pendant la nuit.

Malheureusement, nous constatons de plus en plus la mauvaise volonté du taïcon, et plusieurs fois, il nous faut nous fâcher pour faire prendre la rive à la chaloupe, malgré le taïcon qui résiste et veut nous maintenir dans le plus fort courant.

On sent qu'il tient à nous lasser, à nous fatiguer, en tous cas à nous retarder.

Nous perdons un jour 1/2 à Grauchmar pour attendre les caisses de benzine qui nous sont envoyées par M. Chénieux.

Nous avons le malheur de rester quelques instants à côté du bateau des Messageries, et, pendant que nous prenons livraison de nos caisses, le taïcon et deux matelots négocient des échanges au grand dommage de nos provisions. D'ailleurs cette manœuvre se reproduira à chaque occasion, de telle sorte que les provisions, largement calculées pour plus d'un mois, sont épuisées en 10 jours, malgré les suppléments d'argent accordés à chaque escale.

C'est encore un moyen de nous mettre dans l'embarras.

Nous franchissons facilement, et presque sans nous en apercevoir, les rapides de Samboc-Sambor qui, d'ailleurs, ne sont intéressants qu'aux plus basses eaux.

A Sambor, grâce à l'amabilité du résident, M. Garnier-Laroche, je trouve des bambous pour garnir la chaloupe comme font, pour leurs pirogues, les indigènes et les Chinois qui veulent descendre de Bassac et même de Stung-Treng.

C'est à cette petite précaution que nous devons de ne pas avoir chaviré en maintes circonstances, en particulier chaque fois que le taïcon trouvait l'occasion de nous faire sombrer.

A partir de Sambor, le voyage devient plus intéressant ; nous entrons dans la région des grands tourbillons, des grands rapides, dans cette partie du fleuve qui a si longtemps passée pour infranchissable.

Profitant des renseignements recueillis précédemment, et de l'expérience acquise lorsque j'étais monté à Khône, en pirogue, le long de la rive droite (janvier, février 1890), je résolus de nous éviter le plus de dangers possible en nous écartant de la route habituelle.

Après avoir obtenu des indigènes de nouvelles assurances que cette rive droite était quelquefois longée par de grosses jonques et pirogues, notre itinéraire fut arrêté définitivement.

Pendant que nous longions la rive de Ka-Prien, il se produisit une chose étrange qui nous donna à réfléchir : voyant qu'une bonne brise était constante, nous avions songé à en profiter en établissant une voile.

Subitement, le vent devint violent, et une bourrasque se déchaîna sur le fleuve en tourbillonnant. Brusquement la voile fut nuisible à tel point que le vent menaça de nous faire chavirer. Il fallait la faire tomber, et M. Roque fit donner par le taïcon à un matelot des ordres en conséquence.

Le matelot monta sur la tente, mais sans vouloir toucher à la voile.

J'étais trop loin pour avoir entendu comment les ordres avaient été traduits.

Le danger croissant, M. Roque monta lui-même à son tour.

Nouveau refus d'obéir et fuite du matelot, puis chasse à courre sur la tente autour du mât.

Le matelot pris dut enfin se résigner à exécuter la manœuvre.

Il était grand temps; la chaloupe, entraînée par la voile, penchait d'un façon inquiétante.

Pendant cette scène, le taïcon semblait prendre à tâche de prêter la main à la tourmente et présentait le flanc au flot.

Arrivée au nord de Ka-Prien, la chaloupe gagna la rive droite qu'elle longea jusqu'à la pointe méridionale de Ka-Enychey.

Là, une difficulté se présenta : le taïcon affirma que tous les renseignements fournis par les indigènes tendaient à prouver que le passage était à l'est, tandis que mes souvenirs précis étaient que, lors de mon passage en 1890, tous nos rameurs cambodgiens avaient affirmé la possibilité du passage aux hautes eaux entre la rive et l'île.

Néanmoins, je n'insistai pas outre mesure, quelle que fût ma répugnance à revenir à l'est.

A mon retour à Saigon, je vis avec plaisir, sur la carte, que M. de Fésigny avait signalé ce passage avec la mention : *meilleure route à suivre reconnue aux basses eaux.*

Mes souvenirs étaient donc exacts.

Il est vrai d'ajouter que les tourbillons n'avaient plus la même importance ni la même violence. D'ailleurs, l'*Alouette* avait déjà suivi cet itinéraire.

A Ka-Toc, nous entrions dans les grands rapides; mais, au lieu de redescendre au nord de Ka-Norung pour prendre la passe de Fésigny, nous prîmes la gauche en remontant entre Ka-Toc et Ka-Tley.

En choisissant cette passe, nous savions parfaitement que nous n'évitions ni les grands courants, ni les dangereux tourbillons.

L'accident arrivé au *Cantonnais*, malgré l'habileté de son capitaine, deux jours avant notre passage, nous avait suffisamment édifiés sur les chances de mort qui nous y attendaient.

Dans cette direction, les tourbillons étaient peut-être même plus violents, mais la route était beaucoup plus courte (1/3 environ). C'est cette passe que le taïcon choisit pour renouveler ses manœuvres. Après avoir rapproché la chaloupe de Ka-Tley, et s'être obstiné à rester dans le fort courant, par une fausse manœuvre que rien ne motivait, il nous mit subitement en un tel danger que mon frère

.n'eut que le temps de prendre la barre pour nous empêcher de sombrer.

Passant alors à l'est, entre Ka-Toc et Ka-Compéin, nous suivîmes à peu près la passe Réveillère, rencontrant, il est vrai, de forts courauts, mais pas d'autre difficulté.

Le soir nous étions à Stung-Treng.

Plus tard, j'appris que c'était cette route qui avait été suivie par la chaloupe *Stung-Treng*, l'ancien *Donnaï*, une des nombreuses victimes des Messageries fluviales.

Faire remonter les grands rapides qui ont sept nœuds et demi de vitesse à une chaloupe qui n'en file que six : tel était le problème posé dès l'arrivée de cette chaloupe à Sambor.

Personne ne voulait s'en charger et le temps se passait, lorsque M. le résident Bastard donna au pilote cambodgien Ouch l'ordre de tenter cet essai. Or, ce pilote connaît admirablement les passes : il sut si bien louvoyer entre les courants violents qu'il résolut ce problème en apparence insoluble ; et il amena jusqu'à Khône cette chaloupe qui semblait condamnée à rester à Sambor.

Hélas ! tel ne fut pas notre cas, car il semblait que notre taïcon eût été humilié s'il eût pu voir des courants plus violents que ceux au milieu desquels il nous pilotait.

De Stung-Treng à Kkône, la navigation ne fut pas sensiblement plus facile ; nous y rencontrâmes des tourbillons et des courants du même genre que plus bas.

Avec notre taïcon il était impossible que les accidents se fissent attendre.

Les branches d'arbustes prises dans les hélices et exigeant un plongeon pour les dégager, les fausses manœuvres, etc.,etc., rien ne nous fut épargné.

Un exemple : Au milieu d'un grand tourbillon, l'hélice de tribord fut prise par une branche de réy qui s'enroula autour d'elle et arrêta la chaloupe. Il était facile d'éviter cet arbuste en passant à côté, mais il paraît que cela n'entrait pas dans les vues du taïcon. Toujours est-il qu'à peine avions-nous arrêté le moteur correspondant à l'hélice engagée, nous vîmes la chaloupe éviter en grand dans le tourbillon. Tous, Français et Annamites, nous nous sentîmes perdus.

Par miracle, le chavirement n'eut pas lieu, et ce fut l'arrière qui se présenta au courant.

Il faut s'être trouvé dans de semblables situations pour savoir combien sont longs de pareils moments.

Tout ce qui se trouvait à bord fut renversé, tout l'arrière fut rasé, la cuisine des Annamites, etc., tout partit dans l'eau, mais la chaloupe résista. Merci aux constructeurs.

Une autre fois, les amarres, bien vérifiées la veille, se trouvèrent lâches pendant la nuit, et une bourrasque manqua de nous briser contre les arbres. Impossible de savoir comment le phénomène s'était produit.

Cependant, la vérification avait été minutieuse.

Plus loin, nous fûmes pris par un tourbillon qui nous envoya dans des réys dont nous ne nous débarrassâmes qu'après deux heures d'efforts.

Et bien d'autres péripéties que j'ai oubliées, quoique j'aie toujours constaté l'origine de ces accidents.

Tout a une fin, même les voyages accidentés.

Nous arrivâmes bientôt à la pointe nord de Dàn Khon-Kham, près du village Palakan, où nous quittâmes la rive droite pour gagner Dàn ou Ka-Sedam.

Sachant que nous pourrions avoir besoin de nous touer, je me mis immédiatement à la recherche d'une pirogue porte-amarres, et, après quelques recherches, nous trouvâmes sur le fleuve une petite embarcation qui pouvait nous être utile ; nous l'arrêtâmes, faute de mieux, et les rameurs consentirent à nous suivre moyennant prix convenu. Quelques cadeaux à leur petit enfant achevèrent de les décider tout à fait.

A peine arrivés à la pointe méridionale de la passe, nous fûmes accostés par un sergent. Chargé de surveiller l'arrivée d'un convoi de bœufs envoyés de Stung-Treng, il se tenait depuis deux jours dans les environs.

Après qu'il nous eut souhaité la bienvenue, son premier soin fut de nous annoncer une crue de 1m30 qui venait de se produire la veille dans la passe. Puis il nous signala la descente de ce chenal effectuée, le matin même, par une jonque chinoise chargée.

Nous nous engageâmes alors dans la passe, où les premiers rapides furent franchis sans la moindre difficulté.

Par malheur, — peut-être à dessein, — en essayant de couper un coude du courant, le taïcon nous engagea sous un tunnel d'arbres où la chaloupe fut bientôt arrêtée par les branches et les rochers.

Dans l'impossibilité de nous dégager avant la nuit, il nous fallut camper sur place.

Pour prévenir toute fuite des Laotiens, je pris soin de faire coucher deux de nos Cambodgiens dans la petite pirogue recommandée aux soins du taïcon, l'enfant étant retenu à notre bord.

D'ailleurs, l'inquiétude m'avait enlevé le sommeil depuis plusieurs jours, et mon insomnie me rendait la surveillance facile.

Le lendemain matin, ma première pensée fut pour la pirogue ; mais je ne pus que constater sa disparition.

Cette disparition avait eu lieu sans causer le moindre bruit, le moindre dérangement capable d'attirer mon attention ; elle avait donc nécessité une entente préalable aidée d'une bonne volonté unanime. L'enfant lui-même n'avait pas crié : les précautions avaient été bien prises à l'avance.

Ce départ me causa une vive contrariété ; il nous enlevait la ressource des amarres.

Nous nous lançâmes néanmoins dans le courant.

Que cela fût heureux ou malheureux pour nous, nous arrivions à un moment où les courants avaient le plus de violence.

Comme nous l'avait dit le sergent, la veille de notre arrivée il s'était produit dans la passe une crue de 1m30, et l'on peut facilement imaginer quel bouleversement avait occasionné, dans un chenal étroit, tortueux et peu profond, une pareille masse d'eau se précipitant dans le bassin inférieur.

D'après les Laotiens que nous pûmes questionner plus tard, les eaux donnaient leur maximum de violence.

Cependant la chaloupe se comporta bien et franchit successivement, bien qu'avec lenteur, les divers courants, y compris les 200 mètres qui avaient tant inquiété et effrayé le commandant de l'*Argus*.

Il nous restait environ 50 mètres de grand courant à franchir, lorsque, sans que rien pût expliquer le mouvement, le taïcon donna brusquement un faux coup de barre qui envoya l'arrière de la chaloupe se heurter contre un gros arbre avec une violence extrême.

Nous fîmes encore quelques mètres par suite de la vitesse acquise ; puis, peu à peu, le moteur de babord diminua de force pour s'arrêter bientôt définitivement.

Avec le second moteur lancé à toute vitesse, nous étalâmes simplement le courant et, en une heure, nous gagnâmes vingt centimètres.

Il était inutile d'insister davantage ; provisoirement nous n'avions plus qu'à redescendre.

Ce fut alors que nous regrettâmes amèrement le départ de la petite pirogue. En nous portant les amarres aux arbres trop nombreux, elle nous aurait permis de nous touer avec une force légère, puisque le moteur faisait face au courant, et les cinquante mètres auraient été rapidement franchis. Au-dessus de ces cinquante mètres, nous n'aurions plus eu à vaincre que la petite difficulté des tournants brusques et le courant relativement facile de l'entrée de la passe ; mais, au moment où nous nous trouvions, la hauteur de l'eau augmentait assez sensiblement ces tournants pour les rendre faciles.

Nous avions donc vaincu ces courants qui avaient été signalés comme les seuls obstacles infranchissables ; un accident seul nous arrêtait après le succès et nous empêchait d'ajouter à ce succès le *criterium* : l'arrivée à Khône-Nord.

Il fallait y renoncer provisoirement parce qu'un taïcon annamite nous avait privés d'une hélice et d'une pirogue. Et cependant la loi ne nous permettait pas de punir de pareils attentats ! *Summum jus, summa injuria !*

Après que nous eûmes redescendu le rapide et mouillé en aval, nous décidâmes que mon frère et M. Roque iraient à Sedam et à Khône chercher la ou les pirogues nécessaires et indispensables au touage.

Après avoir débarrassé et nettoyé la chaloupe, mis en fuite les légions de fourmis noires qui nous victimaient depuis vingt-quatre heures et fait mettre de l'ordre un peu partout, je ne songeai plus qu'à attendre l'arrivée des pirogues ; une heure et demie de marche à pied pour atteindre Sedam, une heure pour trouver les pirogues et faire marché avec elles, quatre ou cinq heures pour les remonter jusqu'à la chaloupe : ils pouvaient être de retour dans la soirée.

J'attendis en vain toute la soirée, toute la nuit et toute la matinée.

Ce ne fut que le soir qu'ils furent de retour.

Ils revenaient à pied ; ils n'avaient pas pu trouver la moindre pirogue pour la chaloupe.

Un hasard seul leur avait permis d'atteindre le camp des tirailleurs annamites, dans la petite Khône. Peu s'en était fallu même qu'ils n'y fussent restés prisonniers sans moyen de locomotion pour revenir.

Ils avaient eu moins d'émotions que moi qui avais été, avec les matelots, chercher la cause de bruits inquiétants entendus pendant la nuit. Les Annamites et les Cambodgiens m'avaient affirmé que c'était le bruit d'éléphants venus se désaltérer, et, le matin, je pus, en examinant les traces très nettes et très visibles, constater qu'ils avaient raison.

Si ces aimables bêtes étaient venues boire dix mètres plus bas, je laisse à penser ce que seraient devenus la chaloupe et ses habitants.

L'absence de pirogues nous rendait impossible toute nouvelle tentative. Il nous fallait redescendre tous ces rapides si heureusement franchis pour aller chercher les embarcations indispensables.

Si ce fut un crève-cœur de redescendre ainsi avant d'avoir navigué sur le bassin supérieur, du moins notre descente servait-elle à prouver combien s'étaient trompés ceux qui affirmaient que si, par hasard, un tour de force permettait de monter, la descente serait impossible.

Celle-ci dura un jour et demi.

Ce ne fut qu'à force de surveillance, de précautions et d'efforts que nous pûmes échapper aux conséquences des fausses manœuvres du taïcon. On eût dit que ce dernier, mécontent de n'avoir pu nous arrêter, s'efforçait de racheter cette faute en se rattrapant à toutes les branches d'arbres sur lesquelles il laissait culer la chaloupe.

Ces branches inclinées arrêtaient la tente élevée et le courant poussait la coque contre le tronc lui-même, donnant ainsi parfois à la chaloupe une inclinaison de 25°. Un moment, je vis la quille ; heureusement, les bambous nous sauvèrent du naufrage.

Les Cambodgiens commençaient à se fatiguer de se jeter à l'eau pour porter les amarres en suivant le courant : le sum-sum et la quinine les empêchaient à peine de grelotter.

A quelques centaines de mètres avant d'atteindre le fleuve, le taïcon fit une dernière tentative : dans un endroit resserré, dans un fort courant encombré d'arbres, il s'obstina à faire tourner la chaloupe ; malgré des défenses formelles, il recommença ses essais à trois reprises différentes ; enfin, dans un moment où notre attention s'était portée ailleurs, il fit manœuvrer la barre.

Entraînés par le courant avec une vitesse folle, nous approchions déjà de l'arbre où nous allions nous briser, lorsque le courant lui-même vint à notre aide.

Si nous pûmes éviter, ce fut de bien peu, et il ne fallut pas en savoir gré à l'habileté de la manœuvre.

Arrivés dans le fleuve, nous fûmes mouiller à la pointe de Khône-Sud, près du camp des tirailleurs annamites, où la réception cordiale du capitaine et du lieutenant nous fit oublier nos fatigues.

Pendant que, à part moi, tout le monde allait à Khône-Nord pour trouver les pirogues qui manquaient totalement à Khône-Sud, les opérations du taïcon continuaient ; les six Annamites, en quatorze jours, et les six Cambodgiens, en cinq jours, avaient déjà gaspillé huit piculs de riz, trois approvisionnements de poisson sec, et je ne sais combien de bouteilles de sum-sum, sans parler des pains que nous leur donnions chaque jour à profusion.

L'Annamite coupable de ces faits n'agissait ainsi que parce qu'il connaissait très bien la difficulté de se ravitailler dans ces parages.

Je pus éviter l'écueil grâce à l'amabilité des capitaines de Khône et de Stung-Treng.

Aussi, devant l'insuccès de ses nouvelles tentatives et le succès obtenu par l'immobilisation d'un moteur, crut-il pouvoir jouer sa dernière carte ; et, le troisième jour de notre séjour à Khône, il déserta en compagnie de deux matelots et d'un chauffeur.

De la sorte ma chaloupe était immobilisée.

S'emparant de la pirogue chargée des transports du camp aux approvisionnements, et réciproquement, mes quatre hommes s'en furent offrir à M. Lavigne, commandant et mécanicien de la *Mouette*, leurs services gratuits moyennant leur retour à Saigon.

Reconnus à temps, ils durent regagner le bord, et des précautions sérieuses furent prises pour éviter toute nouvelle désertion.

Ce ne fut qu'après cinq jours de démarches que mon frère put se procurer une pirogue avec six rameurs laotiens.

Parti de Khône-Nord, pour descendre à Khône-Sud, il fut obligé de prendre la passe puisqu'il n'existe pas d'autre chemin. Montre en main, sa descente en pirogue dura 1 h. 45. Cette durée ne rappelle que de très loin celle de la descente opérée par M. l'enseigne de Robaglia. Ce dernier voyage en pirogue dura dix-sept heures et la dépêche annonçant ce résultat étonnant fut imprimée en gros caractères par les journaux de la colonie célébrant le courage extrême et la merveilleuse audace que dénotait un pareil tour de force.

Ce n'est pas la première fois que je suis amené à faire remarquer combien ce qui paraît simple et ordinaire, en dehors des chargés de mission, devient extraordinaire, glorieux et méritoire dès qu'il s'agit de personnes officielles.

Je dois cependant ajouter une rectification. Ayant eu occasion de causer de mon voyage, de ses nombreux incidents et de ses résultats, avec M. le Procureur général, ce dernier, auquel je parlai de la dépêche citée plus haut, m'affirma qu'il y avait eu erreur dans la rédaction, et que les dix-sept heures avaient été employées à remonter, non à descendre la passe. Cela serait plus vraisemblable. D'ailleurs, M. le Procureur général était à Khône, à ce moment, et il devait être parfaitement renseigné.

Dans tous les cas, le fait incontestable, c'est que mon frère a fait la descente en 1 heure 3/4. sans cependant avoir fait un tour de force.

Lorsqu'il fut descendu et arrivé à Khône-Sud, il nous annonça que les courants de la passe, si furieux à notre passage, étaient calmés, mais que les coudes supérieurs étaient devenus plus brusques par suite du retrait des eaux qui avaient baissé d'un mètre cinquante, et de la présence des arbres laissés au milieu du courant par M. Guissez.

Nous pouvions remonter ; malheureusement sa deuxième permission n'avait plus que quatre jours à courir, et cette difficulté des coudes allongeait la durée du voyage ; j'étais pris, au genou droit, de douleurs rhumatismales suraiguës ; enfin l'équipage refusait obéissance ; il fallait donc, moins que jamais, compter sur le taïcon, dont les discours avaient ébranlé la bonne volonté des Cambodgiens eux-mêmes.

Je ne suis pas convaincu qu'il n'ait pas rationné ces derniers pour le riz, le poisson, et ce jusqu'à ce qu'ils aient été de son avis, pendant que j'étais immobilisé dans mon hamac.

Cette fois il fallait abandonner tout espoir de remonter à Khône-Nord ; il fallait prendre la route du retour.

Comme consolation, je reçus diverses visites, en particulier celle de M. Gubiand, directeur des Travaux publics, qui m'apprit qu'après avoir vu la chaloupe dans la passe, il nous avait attendu à Khône-Nord. Il affirma même que M. Simon et le représentant de la mission Pavie avaient décidé de me demander place à bord pour aller à Bassac en chaloupe.

Hélas ! la chose eût été facile sans notre taïcon.

A Stung-Treng, une visite minutieuse fit reconnaître que le moteur gauche était innocent ; son hélice seule était malade. Une lame était coudée, son pas était faussé, et les deux lames (l'hélice est à 2 lames) presque complètement fêlées. Cette avarie et la violence du choc répercutée sur le moteur expliquaient suffisamment l'arrêt dont nous avions souffert.

Le retour fut facile et n'offrit presque rien de remarquable. Je dois cependant signaler la conduite de la chaloupe à notre départ de Pnom-Penh.

Dans la soirée, de 7 heures à 11 heures, une violente tourmente avait sévi sur Pnom-Penh et les environs, y compris les Quatre-Bras et le fleuve. Tous ceux qui ont assisté à ces sortes de tourmentes à cet endroit savent avec quelle violence les vagues déferlent dans cette sorte de mer. Le trouble est tel que les chaloupes ne s'y hasardent pas.

Cependant, à minuit, nous nous mîmes en route, et, pendant quatre heures, nous fûmes en proie à des vagues qui menaçaient de nous engloutir à toutes minutes, ce qui ne nous empêcha pas d'arriver, sains et saufs à Saigon, où une vérification nous montra que rien n'avait souffert, pas plus la coque que les moteurs.

Les conséquences de ce voyage et les conclusions à en tirer sont multiples. Elles concernent les moyens de locomotion et le succès du voyage lui-même.

Pour ce qui est de la chaloupe, j'ai déjà signalé plus haut les divers motifs qui m'avaient amené à adopter la nature des moteurs.

Je n'ajouterai qu'une seule observation : Dans des courants comme ceux que j'avais à franchir, avec les tourbillons et les vagues que nous avions à traverser, la chaloupe risquait de prendre telle obliquité qui pouvait devenir dangereuse si l'eau des chaudières venait ajouter son poids dans le sens de cette obliquité.

M. Roque me fit connaître un autre danger évité par le système que j'avais adopté : si une chaloupe ordinaire avait pris les positions inclinées qu'a prises la mienne pendant longtemps, l'eau, en se déplaçant dans le même sens, eût occasionné un sérieux coup de feu à la chaloupe, et, en reprenant sa place primitive sur une surface surchauffée, eût produit une masse de vapeurs menaçantes pour les parois de la chaudière.

Je livre aux spécialistes ces observations pour ce qu'elles valent.

Ce qui est certain, c'est que, grâce aux dispositions et aux précautions prises, ma légère coquille de noix a pu triompher de tous les dangers, rapides, courants et tourbillons, et accomplir une traversée vainement tentée jusqu'ici.

Quant aux conséquences du voyage lui-même, elles sont aussi importantes que simples.

En 1891, lorsque l'avalanche dont j'ai parlé au début est venue fondre sur moi, j'ai déclaré, dans le *Progrès de Saigon* du 14 novembre 1891, n° 185, que la Commission de Sedam avait fait œuvre méchante et malhonnête, et que l'avenir me donnerait raison : le moment est venu, et j'ai aujourd'hui le droit de confondre mes contradicteurs, même ceux qui envoient leurs fantaisistes élucubrations au journal *le Temps*.

Ce droit, je l'ai payé assez cher pour en user : ce dernier voyage m'a coûté près de 20.000 piastres (18.900 $); exténué par plusieurs jours d'une extrême fatigue, après être resté longtemps mouillé, j'ai été pris à Khône de rhumatismes suraïgus, et, à mon retour à Saigon, je n'ai pu échapper aux terribles fièvres qui, il y a deux ans, m'avaient tenu si longtemps entre la vie et la mort.

Jusqu'ici, c'est là le plus clair de mes bénéfices.

Mais, en revanche, j'ai le droit de proclamer hautement le bien-fondé de mes affirmations :

1º Sur la praticabilité de la passe Pelletier-Mougeot, telle que je l'ai annoncée en 1890 ;

2º La légèreté et le parti-pris avec lesquels se sont prononcés ceux qui l'ont combattue, souvent avec plus d'énergie que de sincérité.

Je n'abuserai pas de ce droit si chèrement acquis.

Cependant je ne puis résister à la satisfaction de jeter encore un regard en arrière pour voir s'anéantir définitivement tous les arguments et les semblants de preuves que mon voyage au-dessus de ces fameux courants de la passe vient de détruire.

Il faut, en effet, reconnaître combien le correspondant du *Temps* altérait la vérité, lorsqu'il parlait de courants de dix à douze nœuds, où nous avions failli chavirer dix fois ; lorsqu'il affirmait que, pour n'importe quel bateau, même pour un torpilleur, ce serait toujours un tour de force de franchir la passe (*Temps — Progrès de Saigon* du 18 novembre, nº 186,) etc., etc.

Combien la Commission de Sedam ne faisait-elle pas fausse route, elle aussi, en affirmant, sous l'influence du jeune Guissez :

Que la passe n'était pas navigable (le commandant de la marine m'avait déclaré que les rapides de Prétapéang étaient également innavigables) ;

Que le seul résultat des travaux effectués jusque-là avait été de faciliter le passage des pirogues (j'aurais compris le contraire, puisqu'on avait enlevé des arbres auxquels ils attachaient leurs amarres) ;

Qu'il fallait creuser un lit plus profond, faire des écluses, creuser un canal latéral, etc., etc.

Je n'en finirais pas d'énoncer toutes les erreurs qui ont été soutenues.

La Commission avait été impressionnée par les points de vue ménagés par le jeune Guissez. Je comprends cette situation, mais je me demande ce que ses membres auraient pensé du spectacle, si une passerelle avait pu leur laisser contempler Préatapéang ou les tourbillons de Prasco ailleurs, que sur la dunette du *Bassac.*

Les pirogues descendent et remontent la passe Pelletier-Mougeot, mais elles se gardent bien d'approcher de la passe de Fésigny et du côté Est de Ka-Phlon. Elles doivent avoir leurs raisons.

D'ailleurs, presque toutes ces opinions ont été retorquées par moi et par les faits eux-mêmes.

Il y a un an encore, tout le monde affirmait que les pirogues et les jonques chinoises ne passaient que très rarement, et qu'elles étaient toujours déchargées avant ce périlleux voyage. Aujourd'hui, cette affirmation du jeune Guissez est prise pour ce qu'elle vaut ; de nombreux exemples de jonques montant et descendant en pleine charge ont été signalés. L'une d'elles venait de descendre trois heures avant notre arrivée. M. le Procureur général a bien voulu me dire que, pendant qu'il était à Khône, une autre était montée en pleine charge, elle aussi.

C'est donc un fait acquis pour ces grosses jonques qui calent 1m50 et qui peuvent avoir jusqu'à trois mètres de largeur sur vingt de longueur.

Restait la question du passage en chaloupe que l'échec de l'*Argus* tendait à faire considérer comme impossible.

Aujourd'hui, cette question est hors de discussion, et le doute n'est plus permis.

La passe est non seulement praticable aux chaloupes, mais elle a été remontée. Les courants, seuls obstacles, ont été surmontés.

Sans doute la chaloupe n'a pas atteint Khône-Nord où elle était attendue, mais cela n'a tenu ni à elle ni à la passe, mais à la malveillance (1).

---

(1) Au moment des préparatifs de départ, j'avais prié le Gouvernement de m'adjoindre un fonctionnaire qui aurait été chargé de contrôler les résultats de mon voyage.

A la rigueur, ceux qui étaient à Khône auraient pu être chargés de ce facile contrôle.

Pour des raisons devant lesquelles j'ai dû m'incliner, M. le Gouverneur général n'a pas cru devoir accéder à ma demande.

Je ne puis donc donner d'autre preuve que mon affirmation et celles de mes compagnons de voyage, tout en ayant la certitude que, maintenant que le pays est fréquemment parcouru, mes assertions seront bientôt vérifiées.

Le problème est résolu.

Il reste évidemment quelque chose à faire: les arbres, que M. Guissez disait avoir coupés, occupent encore leurs places, au milieu du courant, dans la moitié supérieure de la passe. Il est de toute nécessité qu'ils soient enlevés, et que les coudes trop brusques soient redressés. Ce serait une dépense de peu d'importance.

Ce que ma chaloupe a fait au moment des plus forts courants et malgré tous les obstacles, d'autres chaloupes pourront le faire avec des courants moindres et après les améliorations du chenal.

Il convient d'insister sur ce fait que la chaloupe a vaincu les courants et remonté la passe sans la moindre amarre, et avec ses propres forces, tandis qu'il a fallu employer les cordes pour la descente.

M. Tostivint, un marin, l'ancien second de l'*Argus*, affirmait à M. Roque que, s'il avait été avec nous, il nous aurait facilement fait remonter jusqu'à Khône-Nord, en profitant des différences de courants sur un même niveau, au lieu de nous jeter sur les plus forts remous; les coudes brusques ne l'inquiétaient pas.

Combien n'ai-je pas regretté de ne pas avoir connu son arrivée à Stung-Treng et ses bonnes intentions.

Avec lui ç'eût été les avaries évitées et l'accomplissement du voyage à Kemmerat que je m'étais promis.

Saigon, le 1er décembre 1893.

Dr MOUGEOT,
Conseiller colonial.

Saïgon. — Imprimerie REY, CURIOL & Cie